JN086494

見方
みかた

相手から
あいて
見たときの
み
右手の形
みぎて　かたち

自分から
じぶん
見たときの
み
右手の形
みぎて　かたち

は	ひ	ふ	へ	ほ
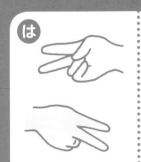			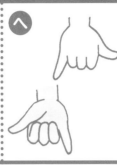	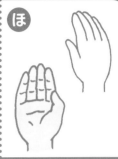

ま	み	む	め	も
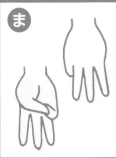	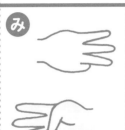		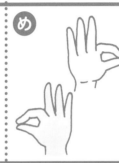	

や	ゆ	よ	だく音「゛」 例：ぎ	半だく音「゜」 例：ぺ
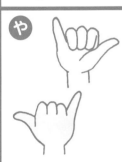			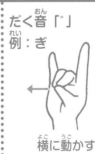 横に動かす	 上に動かす

だく音「゛」
おん
例：ぎ
れい

半だく音「゜」
はん　　おん
例：ぺ
れい

横に動かす
よこ　うご

上に動かす
うえ　うご

ら	り	る	れ	ろ
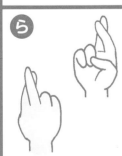				

わ	を	ん	よう音・そく音 「ゃゅょ」「っ」 例：ゃ	長音「ー」
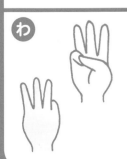	 手前に引く		 手前に引く	 たてぼうを書く

手前に引く
てまえ　ひ

よう音・そく音
おん　　そく音
おん
「ゃゅょ」「っ」
例：ゃ
れい

長音「ー」
ちょうおん

手前に引く
てまえ　ひ

たてぼうを書く
か

知ろう！　あそぼう！　楽しもう！

はじめての手話④

手話で歌おう！

監修：大杉 豊（筑波技術大学 教授）

はじめに

　この地球ではさまざまな人たちがくらしています。みなさんが1人ではなく仲間でささえ合って生きることの大切さを学ぶなかで、耳の聞こえない人たちとの出会いもあるでしょう。そのとき、聞こえない人とのコミュニケーション方法を知っていれば、たがいに心を通わせることができ、友達になる一歩をふみだす大きな力になります。この本が、みなさんの世界を広げていくことに役立つよう願っています。

　4巻では、メロディと音声の歌詞に合わせて手話を表す「手話ソング」を紹介します。リズムに乗って、顔の表情をゆたかに、体全体で気持ちを表現しましょう。

監修 大杉 豊（筑波技術大学 教授）

動画も見てみよう!

ここから手話ソングの動画が見られるよ!

インターネットにつながるスマートフォンやタブレットで、QRコードを読みこんでみよう! 本にのっている手話ソングを動画でくわしく見られるよ。

出演しているのは……

たまきさん

はるきさん

ゆめさん

こんな動画が見られる!

♪Believe
この地球は　まわってる

♪ハッピーバースデー
お誕生日おめでとう

※この本のQRコードから見られる動画は、予告なく内容をへんこうしたりサービスをしゅうりょうしたりすることがあります。
※手話ソングの動画では、手の動きがこの本と少しちがって見える場合がありますが、出演者それぞれの表現のちがいによるもので、手話のまちがいではありません。

2

もくじ

矢印の見方（やじるしのみかた）　矢印（やじるし）の種類（しゅるい）によって、手（て）の動（うご）かし方（かた）がちがうよ。

白（しろ）い三角（さんかく）の矢印（やじるし）は、手（て）を前（まえ）か後（うし）ろに動（うご）かす。

赤（あか）い三角（さんかく）が2つの矢印（やじるし）は、2回以上（かいいじょう）くり返（かえ）し動（うご）かす。

赤（あか）い三角（さんかく）の矢印（やじるし）は、手（て）を左右（さゆう）か上下（げうご）に動（うご）かす。

＊ この本（ほん）で紹介（しょうかい）している手話（しゅわ）は、おもに標準手話（ひょうじゅんしゅわ）です。手話（しゅわ）には、同（おな）じ単語（たんご）でも、ことなる表現（ひょうげん）があります。この本（ほん）では、いくつかあるなかの1つを紹介（しょうかい）しています。
＊ 手話（しゅわ）と指文字（ゆびもじ）の絵（え）は、右利（みぎき）きの人用（ひとよう）にえがいています。左利（ひだりき）きの人（ひと）は、やりやすいように左右（さゆう）の手（て）を入（い）れかえてもかまいません。

翼をください

大空を飛ぶ鳥を
イメージしながら
歌ってみよう！

作詞／山上 路夫　作曲／村井 邦彦

1番

いま私の　願いごとが

かなうならば　翼がほしい

この背中に　鳥のように

白い翼　つけて下さい

※ この大空に　翼をひろげ

飛んで行きたいよ

悲しみのない　自由な空へ

翼はためかせ　行きたい

2番

いま富とか　名誉ならば

いらないけど　翼がほしい

子供の時　夢見たこと

今も同じ　夢に見ている

この大空に　翼をひろげ

飛んで行きたいよ

悲しみのない　自由な空へ

翼はためかせ

※くり返し

手話の動画が
見られます。

この歌の手話をしてくれたのは
はるきさん

「つばさ」の手話は、
この曲のキーワード。
とくにていねいに
表現してね。

1番

いま

今

両手のひらを下に向けて、おさえるように下げる。

私の

わたし

人さし指で、自分のむねの辺りをさす。

願いごとが

願い事

両手をむねの前で組み、上げる。

かなう

かなう

両手を体の前にのばし、手前に引きよせる。

ならば

〜なら

人さし指と親指をのばし、手のひらに親指をつけて前にたおす。

翼が

つばさ

両手をにぎり、うでをむねの前で交差させ、開きながら手を開く。開いた手をパタパタとあおぐように動かす。

ほしい

ほしい

あごの下で親指と人さし指を開き、指をとじながら前に下ろす。

この

わたしの

人さし指で、自分のむねの辺りをさす。

背中に

背中

人さし指で、自分の背中をさす。

5

鳥の

鳥

両手を交差させ、手をパタパタさせながらななめ前に上げる。

ように

同じ

両手の親指と人さし指を、2回つけたりはなしたりする。

白い

白い

人さし指で自分の歯をさして、指先を横にふる。

翼

つばさ

両手をにぎり、うでをむねの前で交差させ、開きながら手を開く。開いた手をパタパタとあおぐように動かす。

つけて

つける

両手を体の前にのばし、手前に引きよせる。

下さい

ください

両手をむねの前で組み、上げる。

★から◆まで、とくに気持ちをこめよう！

★ この

この

人さし指で、空をさす。

大空に

大空

手のひらを、曲線をえがくように大きくふる。

翼をひろげ　飛んで

つばさ

両手をにぎり、うでをむねの前で交差させ、開きながら手を開く。

開いた手をパタパタとあおぐように動かす。

行きたいよ

行く

〜したい

人さし指の指先を、下から上へ動かす。その手を残したまま、反対の手の親指と人さし指をあごの下で開き、指をとじながら前に下ろす。

悲しみの

悲しみ

親指と人さし指の先をつけ、ひねりながら目元から下ろす。

ない

ない

外側に向けた両手の手のひらを、くるっと返して内側に向ける。

自由な

自由

両手をにぎって下に向け、こうごに上下させる。

空へ

空

手のひらを、曲線をえがくように大きくふる。

翼はためかせ

つばさ

両手をにぎり、うでをむねの前で交差させ、開きながら手を開く。開いた手をパタパタとあおぐように動かす。

行きたい　　2番　いま　　富とか　　名誉

行く ／ **〜したい**

人さし指の指先を、下から上へ動かす。その手を残したまま、反対の手の親指と人さし指をあごの下で開き、指をとじながら前に下ろす。

今

両手のひらを下に向けて、おさえるように下げる。

富

手をにぎって顔の横に置き、その下で反対の手を広げる。

めいよ

人さし指で手のひらをさし、そのまま上に動かす。

ならば　　いらない　　けど　　翼が

〜なら

人さし指と親指をのばし、ひねりながら横に動かす。

いらない

両手をむねにあて、はらうように広げる。

でも

手のひらを前に向け、くるっと手前に返す。

つばさ

両手をにぎり、うでをむねの前で交差させ、開きながら手を開く。開いた手をパタパタとあおぐように動かす。

ほしい　　子供の　　時　　　夢見たこと

ほしい

あごの下で親指と人さし指を開き、指をとじながら前に下ろす。

子ども

手のひらを下に向け、外側へ3回、おさえながら動かす。

〜のとき

人さし指と親指をのばし、手のひらに親指をつけて前にたおす。

「ゆめ」の手話で、「夢見たこと」を表すんだね！

ゆめ

指を軽く曲げて指先を上に向け、ゆらしながら上げる。

今も　　同じ　　夢に見ている

今

両手のひらを下に向けて、おさえるように下げる。

同じ

両手の親指と人さし指を、2回つけたりはなしたりする。

ゆめ

指を軽く曲げて指先を上に向け、ゆらしながら上げる。

ずっと

両手の親指と人さし指で輪を作ってつなぎ、前に出す。

★から●までくり返す

★から◆までくり返す

Believe

ビ リ ー ブ

作詞・作曲／杉本 竜一

未来への希望をこめて歌うといいね。

8

1番

たとえば君が　傷ついて
くじけそうに　なった時は
かならず僕が　そばにいて
ささえてあげるよ　その肩を

世界中の　希望のせて
この地球は　まわってる

いま未来の　扉を開けるとき
悲しみや　苦しみが
いつの日か　喜びに変わるだろう
I believe in future　信じてる

2番

もしも誰かが　君のそばで
泣きだしそうに　なった時は
だまって腕を　とりながら
いっしょに歩いて　くれるよね

世界中の　やさしさで
この地球を　つつみたい

いま素直な　気持ちになれるなら
憧れや　愛しさが
大空に　はじけて耀るだろう
I believe in future　信じてる

いま未来の　扉を開けるとき
I believe in future　信じてる

手話の動画が
見られます。

この歌の手話をしてくれたのは
たまきさん

「信じる」の手話では
手を力強くにぎろう！

1番

たとえば

たとえば

親指と人さし指で輪を
作り、反対の手のこう
に当てる。

君が
君

手のひらで、相手をさ
す。

傷ついて

きずつく

人さし指で自分のむねの辺りにバツをかく。

くじけそうに

くじける

人さし指の先を手のひ
らに当て、そのまま起
こす。

なった
なる

両手を体の前で交差
させる。

時は

～のとき

人さし指と親指をのばし、手のひらに親指をつけ
て前にたおす。

かならず

かならず

両手の親指以外の指
を、むねの前でしっか
りと組む。

僕が

ぼく

手のひらを、自分のむ
ねに当てる。

9

そばに

そば
両手の人さし指をのばして外に向け、体の前でそろえる。

いて

いる
にぎった両手を下げる。

ささえてあげるよ

ささえる
体の前で親指を立て、もう片方の手のひらを2回ポンポンと当てる。

その肩を

君
手のひらで、相手をさす。

世界

世界
両手で大きな丸を作り、くるっと前に回転させる。

中の

みんな
手のひらを下に向け、水平に円をえがく。

希望

希望
指を軽く曲げて指先を上に向け、ゆらしながら上げる。

のせて

乗せる
すぼめた手の先を、もう片方の手で作ったつつに入れる。

この

この
人さし指で、下をさす。

「地球」と「世界」は同じ手話だね。

地球は

地球
両手で大きな丸を作り、くるっと前に回転させる。

まわってる

回る
両手の人さし指を上と下に向け、たがいちがいにくるくると回す。

いま

今
両手の手のひらを下に向けて、おさえるように下げる。

未来の

未来
開いた手のひらを前に出す。

扉を開ける

とびら
親指以外の指先をそろえ、むねの前でくっつける。

開ける
両手を横に開く。

とき

〜のとき
人さし指と親指をのばし、手のひらに親指をつけて前にたおす。

悲しみや

悲しみ
親指と人さし指の先をつけ、ひねりながら目元から下ろす。

苦しみが

苦しみ

指を軽く曲げてむねに当て、円をえがくように回す。左右をかえて同じ動作をする。

いつの日か

未来

開いた手のひらを前に出す。

喜びに

よろこび

両手を広げ、体の前でこうごに上下させる。

変わる

変わる

両手を向かい合わせ、左右の手をくるりと入れかえる。

だろう

だろう

人さし指と中指をそろえて立て、顔の横から少しずつ2回下ろす。

ここから「信じてる」まで、手話も歌も力強く!

アイ
I

わたし

手のひらを、自分のむねに当てる。

ビリーブ イン
believe in

信じる

手をにぎりながら、下から上に持ち上げる。

フューチャー
future

未来

開いた手のひらを前に出す。

信じてる

強く信じる

手をにぎりながら、下から上に持ち上げる。持ち上げた手に、もう片方の手をそえる。

2番 もしも

もしも

親指と人さし指で、ほおをつまむようにしながら、手を下ろす。

誰かが

だれ

親指以外の4本の指をそろえ、外側で2回ほおをこする。

君の

君

手のひらで、相手をさす。

そばで

そば

両手の人さし指をのばして外に向け、体の前でそろえる。

泣きだしそうに

泣く

親指と人さし指の先をつけ、ひねりながら目元から下ろす。

なった

なる

両手を体の前で交差させる。

時は

~のとき

人さし指と親指をのばし、手のひらに親指をつけて前にたおす。

11

だまって

だまる

人さし指をのばして、口に当てる。

腕をとりながら

手をつなぐ

手のひらを上に向けて体の前に置き、もう片方の手をのせてにぎる。

いっしょに

いっしょに

両手の人さし指をのばして外に向け、体の前でそろえる。

歩いて

歩く

人さし指と中指を下にのばし、歩くように両手をそろえて動かす。

くれるよね

～だよね

両手の親指と人さし指を、むねの前で2回つけたりはなしたりする。

世界

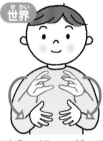

世界

両手で大きな丸を作り、くるっと前に回転させる。

中の

みんな

手のひらを下に向け、水平に円をえがく。

やさしさで

やさしい

両手を向かい合わせ、指をとじ開きしながら、左右にはなす。

この

この

人さし指で、下をさす。

地球を

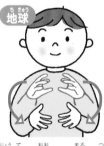

地球

両手で大きな丸を作り、くるっと前に回転させる。

つつみ

包む

片手を「地球」の形に残し、もう片方の手でぐるりとかこむ。

たい

～したい

あごの下で親指と人さし指を開き、指をとじながら前に下ろす。

いま

今

両手の手のひらを下に向けて、おさえるように下げる。

素直な

すなお

親指と人さし指の先をつけて上下に合わせ、上の手を引き上げる。

「気持ち」の手話は「心」という意味も表すよ。

気持ちに

気持ち

人さし指でむねの辺りに円をえがく。

なれる

なる

両手を体の前で交差させる。

なら

～のとき

人さし指と親指をのばし、手のひらに親指をつけて前にたおす。

憧れや

あこがれ

人さし指をこめかみに当てる。手を開いてひらひらさせながら、ななめに上げる。

愛しさが

いとしさ

にぎった手のこうを、反対の手で数回なでる。

大空に

空

手のひらを、曲線をえがくように大きくふる。

はじけて

はじける

指先をすぼめて体の前で合わせ、顔の前まで上げて指先を開く。

燿る

光る

「はじける」で上げた両手を、指先をひらひらさせながら左右に広げて下ろす。

動画では、「はじける」と「光る」の手話が組み合わさった動きになっているよ。

だろう

だろう

人さし指と中指をそろえて立て、顔の横から少しずつ2回下ろす。

★ アイ I

ぼく

手のひらを、自分のむねに当てる。

believe in

信じる

手をにぎりながら、下から上に持ち上げる。

future

未来

開いた手のひらを前に出す。

信じてる ●

強く信じる

手をにぎりながら、下から上に持ち上げる。持ち上げた手に、もう片方の手をそえる。

いま

今

両手の手のひらを下に向けて、おさえるように下げる。

未来の

未来

開いた手のひらを前に出す。

扉を開ける

とびら

親指以外の指先をそろえ、むねの前でくっつける。

開ける

両手を横に開く。

とき

～のとき

人さし指と親指をのばし、手のひらに親指をつけて前にたおす。

★から●まで
くり返す

動画では、曲の最後にもう一度「信じてる」をくり返すよ。

13

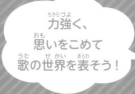

1番

さよなら　ありがとう　声の限り
悲しみよりもっと大事なこと
去りゆく背中に伝えたくて
ぬくもりと痛みに間に合うように

このまま続くと思っていた
僕らの明日を描いていた
呼び合っていた光がまだ
胸の奥に熱いのに

僕たちは燃え盛る旅の途中で出会い
手を取りそして離した　未来のために
夢が一つ叶うたび　僕は君を想うだろう
強くなりたいと願い　泣いた　決意を餞に

2番

懐かしい思いに囚われたり
残酷な世界に泣き叫んで
大人になるほど増えて行く
もう何一つだって失いたくない

悲しみに飲まれ落ちてしまえば
痛みを感じなくなるけれど
君の言葉　君の願い
僕は守りぬくと誓ったんだ

音を立てて崩れ落ちて行く
一つだけの
かけがえのない世界

手を伸ばし抱き止めた激しい光の束
輝いて消えてった　未来のために
託された幸せと　約束を超えて行く
振り返らずに進むから
前だけ向いて叫ぶから
心に炎を灯して
遠い未来まで……

この歌の手話をしてくれたのは
ゆめさん

曲に合わせて
手話にもメリハリを
つけるといいよ。

手話の動画が
見られます。

のためにー　たくされ　た　しあわせと　やく　そくをーこえてゆく　ふりかえらずーに

す　すむーからー　まえだけむいーて　さけぶーからー　こころにほむーら

を　ともしてー　とおいー　みらいまでーーー

15

さよなら

さようなら

片手を上げて、左右に軽くふる。

ありがとう

ありがとう

手のこうに小指を垂直にのせ、頭を下げながら、のせた手を上げる。

声の限り

声

親指と人さし指で輪を作り、のどからななめ前に出す。反対の手で同じ動作をして、強調する。

悲しみより

悲しみ

親指と人さし指の先をつけ、ひねりながら目元から下ろす。

もっと

もっと

親指と人さし指をコの字に曲げて上下に重ね、下の手を上にする。

大事な

大切

にぎった手のこうを、反対の手で数回なでる。

こと

こと

親指以外の指を直角に曲げ、その下のほうに、反対の手のひらを上に向けてかまえる。

去りゆく

去る

むねの前で両手のこうを合わせ、左右に引きはなす。

「あなた」の手話で、「あなたの背中」という意味を伝えているんだ。

背中に

あなた

人さし指で前をさす。

伝え

伝える

両手の親指と人さし指で輪を作ってつなぎ、置くように前に出す。

たくて

〜したい

あごの下で親指と人さし指を開き、指をとじながら前に下ろす。

ぬくもりと

ぬくもり

両手のひらを上に向けて、自分に向けてあおるように数回動かす。

痛みに

いたみ

手のひらを上に向けて指を曲げ、左右にゆらす。

間に合う

間に合う

片手の指先を、むねの左右に順につける。

ように

ように

人さし指と中指をそろえて立て、顔の横から少しずつ2回下ろす。

このまま

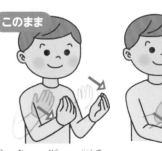

このまま

上に向けて開いた両手を、すぼめながら前に出す。もう一度、手を開き、すぼめながらさらに前に出す。

続くと

続く

両手の親指と人さし指で輪を作ってつなぎ、前に出す。

思っていた

思う

人さし指をこめかみに当てる。

僕らの

ぼくたち

人さし指と中指を自分に向けて立て、2回引きよせる。

明日を

明日

人さし指を立てて、まっすぐ前に下ろす。

描いていた

ゆめ

手を開いて指先を上に向け、ゆらしながら上げる。

呼び合っていた

よび合う

すぼめた手を開きながら横に動かす。反対の手も同じようにくり返し動かす。

光が

光

すぼめた手を開きながら、こめかみの辺りからななめに下ろす。

まだ

まだ

片手の指先を前に向け、反対の手のひらを自分に向けて2回下ろす。

胸の奥に

むねのおく

手のひらをむねに当てて、その上に反対の手を重ねる。

熱いのに

熱い

両手を向かい合わせ、ゆらしながら上げる。

僕たちは

ぼくたち

人さし指と中指を自分に向けて立て、2回引きよせる。

燃え盛る

もえる

両手を向かい合わせ、ゆらしながら上げる。

旅の途中で

旅

人さし指と中指をのばし、指先を前に向けた手と平行に回す。

出会い

出会う

両手の人さし指を立て、左右から真ん中に引きよせる。

ここでは、にぎる手にも心をこめよう！

手を取り

手を取る

両手をむねの前でにぎり合わせる。

そして離した

はなす

にぎった両手をはなして、左右に開く。

17

未来の

未来

手のひらを顔の横に置き、前へ動かす。

ために

〜のため

人さし指を立て、にぎった手に当てる。

夢が一つ

ゆめ

手を開いて指先を上に向け、ゆらしながら上げる。

叶うたび

かなう

にぎった手を鼻につけ、前に下ろして手のひらに置く。

僕は

ぼく

人さし指で、自分のむねの辺りをさす。

君を

君

人さし指で、相手をさす。

想うだろう

思う

手を開いて指先を上に向け、ゆらしながら上げる。

強く

つよい

手をにぎり、力こぶを作るようにうでを曲げる。

なりたいと

なる

両手を体の前で交差させる。

〜したい

あごの下で親指と人さし指を開き、指をとじながら前に下ろす。

願い

願う

両手をむねの前で組む。

泣いた

泣く

親指と人さし指の先をつけ、ひねりながら目元から下ろす。

決意を

決意

人さし指で自分のむねの辺りをさし、その手をにぎって、手のひらに置く。

餞に

はなむけ

両手のひらを上に向けてかまえ、前にさし出す。

懐かしい

なつかしい

人さし指をこめかみに当て、その手を開いて、ひらひらと動かしながらななめ上に上げる。

思いに

思い

人さし指でむねの辺りに円をえがく。

囚われたり

とらわれる

にぎった手を、左右に軽くゆらす。

残酷な

ざんこく

人さし指を立て、鼻先を横切るように、横にたおす。

18

世界に

世界

両手で大きな丸を作り、くるっと前に回転させる。

泣き叫んで

泣く

親指と人さし指の先をつけ、ひねりながら目元から下ろす。

大人になるほど

おとなになる

親指以外の指を直角に曲げてかまえ、目の高さまで上げる。そこから、さらに頭の上まで上げる。

増えて行く

ふえる

親指と人さし指の指先を曲げ、ひねりながら指先を広げ、左右に引きはなす。

もう

未来

手のひらを顔の横に置き、前へ動かす。

何一つだって

1つ

人さし指を立てる。

失い

失う

開いた両手を、にぎりながら体の前で交差させる。

たくない

～したくない

あごの下で親指と人さし指を合わせ、指を開きながら前に下ろす。

悲しみに

悲しみ

親指と人さし指の先をつけ、ひねりながら目元から下ろす。

飲まれ

負ける

手のひらを自分に向け、親指以外の4本の指をつけ根から折る。

落ちてしまえば

落ちる

指を軽く曲げて横に向け、ななめに下ろす。

痛みを

いたみ

手のひらを上に向けて指を曲げ、左右にゆらす。

感じなくなる

なくす

開いた両手を、にぎりながら体の前で交差させる。

けれど

～けれど

手のひらを前に向け、くるっと手前に返す。

ここから「誓ったんだ」まで、表情や手話にも力強さを出そう。

君の

君の

人さし指で、相手をさす。

言葉

言葉

両手の人さし指を曲げ、上下に向かい合わせる。

君の

君の

人さし指で、相手をさす。

願い

願い

両手をむねの前で組む。

僕は

ぼく

人さし指で、自分のむねの辺りをさす。

守りぬくと

守る

親指を立ててにぎった手のまわりで、指をそろえた手をぐるりと回す。

誓ったんだ

ちかう

両手の小指同士を、しっかりとつなぐ。

音を立てて

音

人さし指を立て、耳のそばに近づける。

崩れ落ちて行く

くずれる

両手の指を軽く曲げ、たがいちがいにひねりながら下ろす。

一つ

1つ

人さし指を立てる。

だけの

だけ

人さし指を立てた手を、手のひらに置く。

かけがえのない

大切な

にぎった手のこうを、反対の手で数回なでる。

世界

世界

両手で大きな丸を作り、くるっと前に回転させる。

ここからは、とくに気持ちをこめよう！

手を伸ばし

手をのばす

垂直に立てた手を、カーブをえがきながら前に差し出す。

抱き止めた

だき止める

前に出した手をにぎりながら、反対の手でつつむ。

激しい光の

光

すぼめた手を開きながら、こめかみの辺りからななめに下ろす。反対の手で同じ動作をして、強調する。

束

束

両手を軽く曲げて、左右から真ん中に引きよせる。

輝いて

かがやく

前に向かって指を開いたりすぼめたりしながら、両手を下ろす。

消えてった

消える

開いた両手を、にぎりながら体の前で交差させる。

未来の

未来

手のひらを顔の横に置き、前へ動かす。

ために

〜のため

人さし指を立て、にぎった手に当てる。

託された

たくす

指先を上に向けた手を返しながら、かたに引きよせる。

幸せと

幸せ

手であごをなで、とじながら下ろす。2回ほどくり返す。

約束を

約束

両手の小指同士を、しっかりとつなぐ。

超えて行く

こえる

片方の手のこうに反対の手の小指を垂直にそわせ、前に出す。

振り返らずに

ふり返る

人さし指と中指を立て、体の前を横切るように後ろに動かす。

〜しない

外側に向けた両手の手のひらを、くるっと返して内側に向ける。

進むから

進む

親指以外の指を直角に曲げてむねの前にかまえ、2回前に出す。

前だけ

未来

手のひらを顔の横に置き、前へ動かす。

だけ

人さし指を立てた手を、手のひらに置く。

向いて

見る

人さし指と中指をのばして前へ出す。

叫ぶから

さけぶ

親指と人さし指で輪を作り、のどからななめ前に出す。反対の手で同じ動作をして、強調する。

心に

心

人さし指でむねの辺りに円をえがく。

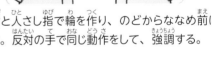
曲に合わせて「もやす」の手話を2回やってもいいよ。

炎を灯して

もやす

両手を向かい合わせ、ゆらしながら上げる。

遠い未来まで……

未来

手のひらを顔の横に置き、前へ動かす。

ずっと

両手の親指と人さし指で輪を作ってつなぎ、前に出す。

21

パプリカ

作詞・作曲／米津 玄師

歌も手話も、リズムに乗って楽しく表現してね！

1番

曲りくねり　はしゃいだ道
青葉の森で駆け回る
遊びまわり　日差しの街
誰かが呼んでいる

夏が来る　影が立つ
あなたに会いたい
見つけたのはいちばん星
明日も晴れるかな

※パプリカ　花が咲いたら
晴れた空に種を蒔こう
ハレルヤ　夢を描いたなら
心遊ばせあなたにとどけ

2番

雨に燻り　月は陰り
木陰で泣いてたのは誰
一人一人　慰めるように
誰かが呼んでいる

喜びを数えたら
あなたでいっぱい
帰り道を照らしたのは
思い出のかげぼうし

※くり返し

★会いに行くよ　並木を抜けて
歌を歌って
手にはいっぱいの　花を抱えて
らるらりら

★くり返し

※くり返し

かかと弾ませこの指とまれ

手話の動画が見られます。

この歌の手話をしてくれたのは
はるきさん

「パプリカ」は、「色」と「ピーマン」の手話を組み合わせて表すよ。

いっぱいのはなをかかえて　らるらりら　パプリーカはながさいたら　はれたそらにたねをまこうハレルーヤゆめをえがいたなら　こころあそばせ　あなたにとどけ　かかとはずませ　このゆびとまれ　ー

曲りくねり

曲がる

両手を体の前で向かい合わせ、左右にくねくねと動かす。

はしゃいだ

はしゃぐ

両手の人さし指を立て、たがいちがいに前にたおす。

道

道

人さし指と中指を下に向けてのばし、歩くように前に動かす。

青葉の

青い

指をそろえた手をほおに当て、後ろに引く。

森で

森

両手を広げ、手のこうを外側に向けて、たがいちがいに上げる。

駆け回る

かける

人さし指と中指を下に向けてのばし、歩くように円をえがく。

遊びまわり

遊ぶ

両手の人さし指を立て、たがいちがいに前にたおす。

日差しの

日差し

すぼめた手を開きながら、こめかみの辺りからななめに下ろす。

街

街

両手の先を向かい合わせてくっつけ、家の屋根の形を作る。位置を横にずらしながら、手の向きをかえる。

誰かが

だれ

親指以外の4本の指をそろえ、外側で2回ほおをこする。

呼んでいる

よぶ

指先を自分に向けて、手を折り曲げながら前に出す。もう片方の手で同じ動作をする。

夏が

夏

手を軽くにぎり、うちわであおぐように動かす。

来る

来る

手のひらを向かい合わせ、近づける。

影が立つ

光

すぼめた手を開きながら、立てた人さし指に向かって下ろす。

かげ

指を3本のばし、立てた人さし指の辺りから、ななめに下ろす。

手話の動きを歌のリズムに合わせるといいよ。

あなたに

あなた

人さし指で、相手をさす。

会いたい

会う

両手の人さし指を立てて向かい合わせ、近づける。

〜したい

あごの下で親指と人さし指を開き、指をとじながら前に下ろす。

見つけたのは

見つける

人さし指と中指を立てて、目の高さからななめ上に上げる。

いちばん星

いちばん

人さし指を立てて、かたからななめ上に上げる。

星

すぼめた手を、頭の横で開く。

明日も

明日

人さし指を立てて、前にたおす。

晴れる

晴れ

手のひらを外側に向けて両手を交差させ、左右に開く。

かな

〜かな

うでを組んで、上半身を左右にかたむける。

★から●の部分は
とくに、笑顔で
楽しく歌おう！

★　パプリカ

色

両手の指先をすぼめてくっつけ、前後にひねる。

ピーマン

にぎった両手をくっつけて、人さし指と中指でピーマンの形を作る。

花が咲いたら

花がさく

両手を軽くにぎって合わせ、手のこうを前に向けてかまえる。

両手を合わせたまま、くるっと回転させながら指を開く。

晴れた

晴れ

手のひらを外側に向けて両手を交差させ、左右に開く。

空に

空

人さし指で、空をさす。

種を蒔こう

種をまく

手のひらを上に向け、そこから種をつかんでまく動作をする。場所をずらして同じ動作をする。

ハレルヤ

幸せ

手であごをなで、とじながら下ろす。2回ほどくり返す。

夢を描いたなら

ゆめをえがく

指を軽く曲げて指先を上に向け、ゆらしながら上げる。もう片方の手で同じ動作をする。

心遊ばせ

気持ち

人さし指でむねの辺りに円をえがく。

楽しい

両手を広げ、体の前でたがいちがいに上下させる。

あなたに

あなた

人さし指で、相手をさす。

とどけ ●

とどける

両方の手のひらを上に向けてかまえ、前にさし出す。

2番 雨に

雨

両手を開いて指先を下に向け、同時に2回下ろす。

燻り

くゆる

手のひらを向かい合わせ、たがいちがいに回しながら横に動かす。

「くゆる」は、「けむる、くすぶる」という意味の言葉だよ。

月は

月

親指と人さし指で、下向きに三日月の形をえがく。

陰り

かげる

両手のひらを開き、とじながらむねの前で交差させる。

木陰で

木

両手の親指と人さし指をのばし、手首を内側に返しながら上げる。

下

人さし指で下をさす。

泣いてたのは

「泣く」の手話は表情も悲しそうにするといいね！

泣く

親指以外の指を直角に曲げ、目元をこするように左右に動かす。

誰

だれ

親指以外の4本の指をそろえ、外側で2回ほおをこする。

一人一人

ひとりひとり

人さし指を横にのばした下に、もう片方の人さし指で、自分から見てわかるように「人」という漢字を書く。位置をずらしてもう一度同じ動作をする。

慰めるように

なぐさめる

手のひらで、立てた親指を数回なでる。

誰かが

だれ

親指以外の4本の指をそろえ、外側で2回ほおをこする。

呼んでいる

よぶ

指先を自分に向けて、手を折り曲げながら前に出す。もう片方の手で同じ動作をする。

喜びを

よろこぶ

両手を広げ、体の前でたがいちがいに上下させる。

数えたら

数える

人さし指でさしながら、反対の手の指を、親指から順に折る。

あなたで

あなた

人さし指で、相手をさす。

いっぱい

いっぱい

両手で、上から下に円をえがく。

帰り

帰る

親指とほかの指を開いて、とじながらななめ前に出す。

道を

道

両手のひらを向かい合わせて指先を前に向け、同時に前へ出す。

照らしたのは

照らす

すぼめた手を開きながら、こめかみの辺りからななめに下ろす。

思い出の

思い出

人さし指をこめかみに当て、その手を開いて、ひらひらと動かしながらななめ上に上げる。

かげぼうし

かげ

指を3本のばし、立てた人さし指の辺りから、ななめに下ろす。

かげの形

両手の指先をそろえて、地面にうつったかげの形をえがく。

25〜26ページの
★から●まで
くり返す

「かげぼうし」の手話は、「かげ」の手話と手でかげの形をえがく動作を合わせて表しているよ。

27

◆ 会いに行くよ

会いに行く

人さし指を前後に向かい合わせ、前の手に後ろの手を近づける。

並木を抜けて

なみき

指先を上に向け、手を顔の横で前から後ろに動かす。反対の手で同じ動作をする。

歌を歌って

歌う

人さし指と中指をそろえて立て、口元からくるっと回しながらななめ前に上げる。反対の手で同じ動作をする。

手にはいっぱいの

いっぱい

両手を親指から小指まで順に折りながら、左右に広げる。

花を

花

両手を軽くにぎって合わせ、手のこうを前に向けてかまえる。両手を合わせたまま、くるっと回転させながら指を開く。

抱えて

かかえる

両手を体の前でかかえるようにかまえ、引きよせる。

らる

指文字の「ら」を作り、曲線をえがくように外に動かし、もとにもどす。

らり

反対の手で同じ動作をする。

ら ♥

指文字の「ら」にした両手を、左右に広げる。

指文字「ら」を歌に合わせて動かそう！

◆から♥までくり返す

25〜26ページの★から●までくり返す

かかと

かかと

人さし指で、反対の手の親指のつけ根をさす。

弾ませ

はずむ

両方の手のひらを下に向け、こうごにポンポンと上下させる。

この指とまれ

この指とまれ

片方の人さし指をむねの前に立て、反対の手の人さし指を立ててにぎる。

28

手話サークルで 手話ソングを楽しもう！

手話サークルは、手話を学んだり耳の聞こえない人と交流したりして活動する団体です。サークルによって、メンバーのねんれいや活動内容はさまざまです。このページでは、東京都西東京市にある手話サークル「しゅわクラブりるふぃんbyしゅわにゃん」の活動を紹介します。

どんな活動をしている？

「りるふぃん」は、小学生を中心に楽しく手話の学習をしています。手話は、耳の聞こえない人や手話通訳のできる人などに教えてもらいます。

地域のイベントに参加して手話を広める活動や、こうれい者しせつをたずねて手話ソングを通じた交流をする活動もしています。

手話ソングの練習はどうやるの？

手話ソングでは、聞こえない人に、歌詞の意味を正しく伝えることが大事です。手先だけではなく、表情や動作にも気をつけて練習します。手話の動きだけではなく、聞こえないとはどういうことなのかを考えたり学んだりもします。

＼ 手話の勉強って、楽しいよ！ ／

手話ソング、大好きです。手先の強弱や歌詞に合わせた表情に気をつけて練習をがんばっています。

小5・手話歴4年
全国手話検定5級

手話を使って聞こえない人とおしゃべりするのが楽しいです。

小6・手話歴4年
全国手話検定3級

妹が耳に障がいがあるので手話を始めました！

小6・手話歴3年
全国手話検定4級

聞こえない子が転校してきたときに、手話でおしゃべりしたいと思って手話を始めました。

小5・手話歴5年
全国手話検定3級

世界に一つだけの花

作詞・作曲／槇原 敬之

歌詞の意味を
よく味わおう。

1番

花屋の店先に並んだ
いろんな花を見ていた
ひとそれぞれ好みはあるけど
どれもみんなきれいだね
この中で誰が一番だなんて
争うこともしないで
バケツの中誇らしげに
しゃんと胸を張っている

それなのに僕ら人間は
どうしてこうも比べたがる？
一人一人違うのにその中で
一番になりたがる？

そうさ　僕らは

※ 世界に一つだけの花
一人一人違う種を持つ
その花を咲かせることだけに
一生懸命になればいい

2番

困ったように笑いながら
ずっと迷ってる人がいる
頑張って咲いた花はどれも
きれいだから仕方ないね
やっと店から出てきた
その人が抱えていた
色とりどりの花束と
うれしそうな横顔

名前も知らなかったけれど
あの日僕に笑顔をくれた
誰も気づかないような場所で
咲いてた花のように

そうさ　僕らも

※くり返し

小さい花や大きな花
一つとして同じものはないから
NO.1にならなくてもいい
もともと特別なOnly one

手話の動画が
見られます。

この歌の手話をしてくれたのは
ゆめさん

動きは少し速いけど、
1つずつしっかり
動けるといいね！

がうたーねを もつ　その はーなを さーか せること だけに　いっしょー うけんめーいに

1.　なればーいい　2.こ　2.　なればーいい　ち いさーいは なーや おおきーなはな

ひとつー として おな じものー はない から　ナン バー ーワン にー な らなくー ても いいー

もともー ととくべーつな　オン リー ーワン

花屋の

両手を軽くにぎって合わせ、手のこうを前に向けてかまえる。両手を合わせたまま、くるっと回転させながら指を開く。

店先に

両手の人さし指と親指で輪を作り、こうごに前後させる。

並んだ

両方の手のひらを上に向け、上下させながら2回横に広げる。

いろんな

人さし指と親指をのばし、ひねりながら横に動かす。

花を

両手を軽くにぎって合わせ、手のこうを前に向けてかまえる。両手を合わせたまま、くるっと回転させながら指を開く。

見ていた

人さし指と中指をのばして前へ出し、顔の前を横に動かす。

ひとそれぞれ

両手の親指と小指を立て、左右にひねりながら引きはなす。

好みは

あごの下で親指と人さし指を開き、指をとじながら前に下ろす。

あるけど

両手をこうごに上下させながら、親指と人さし指をとじ開きする。

どれもみんな

開いた両手で、上から下に円をえがく。

きれいだね

手のひらを合わせて重ね、上の手を横にすべらせる。

この中で

人さし指で、もう片方の手の内側をさししめす。

誰が

親指以外の4本の指をそろえ、外側で2回ほおをこする。

一番だなんて

人さし指を立てて、反対側のかたからななめ上に上げる。

争うことも

争う

両手の人さし指をななめに立てて、パシパシとふれ合わせる。位置をずらして、もう一度同じ動作をする。

しないで

しない

体の前で、手を左右にふる。

バケツの中

バケツ

取っ手を持つような形で手をにぎり、上下させる。

中

バケツを表した部分を、もう片方の人さし指でさす。

誇らしげに

ほこり

両手の親指と人さし指をのばし、親指をむねに2回あてる。

しゃんと胸を

元気に

両手をにぎって下に向け、2回上下させる。

張っている

（花が）さく

両手を軽くにぎって合わせ、手のこうを前に向けてかまえる。両手を合わせたまま、くるっと回転させながら指を開く。

「しゃんと胸を張っている」の部分は、「元気に花がさいている」と表現するよ。

それなのに

けれども

手のひらを前に向けて、くるっと手前に返す。

僕ら

ぼく

人さし指で、自分のむねの辺りをさす。

～たち

手のひらを下に向け、水平に円をえがく。

人間は

人びと

両手の親指と小指を立て、左右にひねりながら引きはなす。

どうして

どうして

人さし指をのばし、もう片方の手のひらの下をくぐらせて前へ出す。

こうも比べたがる？

くらべる

両手の親指を立てて向かい合わせ、こうごに手を上げる。

～したい

あごの下で親指と人さし指を開き、指をとじながら前に下ろす。

～ですか？

手のひらを自分に向けて立て、手のこうを前にたおす。

「～ですか?」の手話を覚えておくと、相手に質問したいときに使えそうだね。

一人一人

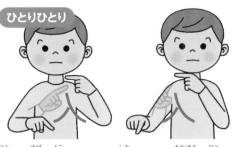

ひとりひとり

人さし指を横にのばした下に、もう片方の人さし指で、自分から見てわかるように「人」という漢字を書く。位置をずらしてもう一度同じ動作をする。

違う

ちがう

両手の親指と人さし指をのばし、片方の手のこうを自分に、もう片方の手のこうを相手に向けて、こうごに手首を返す。

のにその中で

けれども

手のひらを前に向けて、くるっと手前に返す。

一番に

いちばん

人さし指を立てて、反対側のかたからななめ上に上げる。

なりたがる？

～したい

あごの下で親指と人さし指を開き、指をとじながら前に下ろす。

～ですか？

手のひらを自分に向けて立て、手のこうを前にたおす。

「そうさ」の手話は「そうそう」と、あいづちを打つときにも使えるよ。

そうさ

そう

両手の親指と人さし指を、むねの前で2回つけたりはなしたりする。

僕らは

ぼく

人さし指で、自分のむねの辺りをさす。

～たち

手のひらを下に向け、水平に円をえがく。

★世界に

世界

両手で大きな丸を作り、くるっと前に回転させる。

一つだけの

1つ

人さし指を立てる。

だけ

人さし指を立てた手を、反対の手のひらに置く。

花

花

両手を軽くにぎって合わせ、手のこうを前に向けてかまえる。両手を合わせたまま、くるっと回転させながら指を開く。

横にのばした人さし指は、漢数字の「一」という意味だよ。

一人一人

ひとりひとり

人さし指を横にのばした下に、もう片方の人さし指で、自分から見てわかるように「人」という漢字を書く。位置をずらしてもう一度同じ動作をする。

34

違う

ちがう

両手の親指と人さし指をのばし、片方の手のこうを自分に、もう片方の手のこうを相手に向けて、こうごに手首を返す。

種を

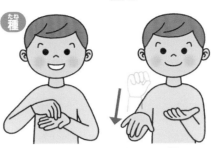

種

手のひらを上に向け、反対の手で種をつかむ動作をする。その手で、つかんだ種をまく動作をする。

「種」の手話は、種をまく動作で表すんだね。

持つ

もつ

手のひらを上に向けて片手を開き、にぎりながら手を引きよせる。

その

その

人さし指で前をさす。

花を咲かせること

（花が）さく

両手を軽くにぎって合わせ、手のこうを前に向けてかまえる。両手を合わせたまま、くるっと回転させながら指を開く。

だけに

だけ

人さし指を立てて、もう片方の手のひらに置く。

一生懸命に

いっしょうけんめい

両手を顔の横に置いて、前に出す動作を2回くり返す。

なれば

なる

両手を体の前で交差させる。

いい ◆

よい

親指を立ててむねの前に出す。

2番

困ったように

こまる

親指以外の指を少し曲げ、顔の横で前後に動かす。

笑いながら

笑う

顔の横で、両手の先を2回ほど開いたりとじたりする。

ずっと

ずっと

両手の親指と人さし指で輪を作ってつなぎ、前に出す。

迷ってる

まよう

両手のひらを上にして指先を向かい合わせ、左右に動かす。

人が

人
人さし指を立てる。

いる

いる
立てた人さし指を、もう片方の人さし指で、さす。

頑張って

がんばる
両手をにぎって下に向け、2回上下させる。

「がんばる」の手話は、「がんばって!」とだれかをおうえんするときにも使えるよ。

咲いた花は

(花が)さく
両手を軽くにぎって合わせ、手のこうを前に向けてかまえる。両手を合わせたまま、くるっと回転させながら指を開く。

どれも

全部
開いた両手で、上から下に円をえがく。

きれいだから

きれい
手のひらを合わせて重ね、上の手を横にすべらせる。

仕方ないね

仕方ない
指をそろえて開いた手を、かたの辺りからななめに下ろす。

やっと

やっと
手のひらを、ひたいをぬぐうように横に動かしたあと、下ろす。

店から

店
両手の人さし指と親指で輪を作り、こうごに前後させる。

出てきた

来る
人さし指を立てて、自分のほうに引きよせる。

その人が

その人
立てた人さし指を、もう片方の人さし指で、2回さす。

立てた人さし指が、歌詞に出てくる「人」なんだね。

抱えていた

かかえる
花束をかかえるように両手をかまえ、引きよせる。

色

色
両手の指先をすぼめてくっつけ、前後にひねる。

とりどりの

いろんな
人さし指と親指をのばし、ひねりながら横に動かす。

花束と

花
両手を軽くにぎって合わせ、手のこうを前に向けてかまえる。両手を合わせたまま、くるっと回転させながら指を開く。

36

うれしそうな

うれしい
両手を広げ、体の前でこうごに上下させる。

横顔

顔
人さし指で自分の顔をさし、くるっとかこむ。

名前も

名前
親指を立て、手のひらに当てる。

知らなかった

知らない
指をそろえた手のひらを、ななめ上にパッパッと2回ほどはらう。

けれど

けれど
手のひらを前に向け、くるっと手前に返す。

あの日

過去
手のひらを顔の横に置き、後ろへ動かす。

僕に

ぼく
人さし指で、自分のむねの辺りをさす。

「笑顔」の手話をするときは、表情もにこやかに！

笑顔を

笑顔
顔の横で、両手の先を2回ほど開いたりとじたりする。

くれた

くれる
両方の手のひらを上に向けて前に出し、手前に引きよせる。

誰も

だれ
親指以外の4本の指をそろえ、外側で2回ほおをこする。

気づかないような

知らない
指をそろえた手のひらを、ななめ上にパッパッと2回ほどはらう。

場所で

場所
指を軽く曲げて下に向け、少し下ろす。

咲いていた花の

(花が) さく
両手を軽くにぎって合わせ、手のこうを前に向けてかまえる。両手を合わせたまま、くるっと回転させながら指を開く。

ように
同じ
両手の親指と人さし指を、むねの前で2回つけたりはなしたりする。

そうさ
そう
両手の親指と人さし指を、むねの前で2回つけたりはなしたりする。

僕らも

ぼく
人さし指で、自分のむねの辺りをさす。

〜たち
手のひらを下に向け、水平に円をえがく。

34〜35ページの★から◆までくり返す

38ページの●へ進む

● 小さい花や

花

「花」の手話を、右のほうに向かって小さな動作でする。

大きな花

花

「花」の手話を、左のほうに向かって大きな動作でする。

一つとして

1つ

人さし指を立てる。

同じものは

同じ

両手の親指と人さし指を、むねの前で2回つけたりはなしたりする。

ないから

ない

手を体の前で左右にふる。

動画では、■から♥までの手話が歌の最初にも入っているよ。見てみよう！

■ NO.1に

いちばん

人さし指を立てて、反対側のかたからななめ上に上げる。

ならなくても

しない

手を体の前で左右にふる。

いい

かまわない

小指を2回あごに当てる。

もともと

もともと

片手をにぎってひじを立て、その下に反対の手のこうをつけて2回開く。

特別な

特別

親指と人さし指をとじ、反対の手首からひじ、ひじから手首をなぞる。

「Only one」は、「一つだけ」という意味の英語だから、日本語の「一つだけ」と同じ手話で表すよ。

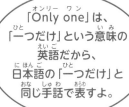

Only one

1つ

人さし指を立てる。

♥

だけ

人さし指を立てた手を、反対の手のひらに置く。

ラララ…

指文字の「ら」を作り、曲に合わせて自由に動かす。

手話パフォーマンスって、何!?

手話と歌を組み合わせた手話ソングだけでなく、手話とダンスやえんげきなどを組み合わせた手話パフォーマンスも、人気を集めています。

ここでは、手話パフォーマー「HANDSIGN」と、鳥取県で行われている「全国高校生手話パフォーマンス甲子園」を紹介します。

手話と歌・ダンスを組み合わせて表現する手話パフォーマー！

HANDSIGN

手話に歌やダンスを組み合わせ、新しい表現方法でライブを行うパフォーマー。耳の聞こえる人と聞こえない人をつないで、かきねのない社会を作りたいという思いのもと、活動を続けています。

動画サイトで再生回数が1,000万回をこえたMV「僕が君の耳になる」は、映画にもなっています。

いっしょにえんじる、いっしょに楽しむ。手話で表現力を競う大会！

全国高校生
手話パフォーマンス甲子園

鳥取県で毎年開かれるこの大会では、全国の高校生が手話を使って歌、えんげき、コントなどのさまざまなパフォーマンスをくり広げ、表現力を競います。

鳥取県では、手話を1つの言語として広めるための手話言語条例が定められています。障がいのあるなしにかかわらず、おたがいを知り、ともにくらせる社会を目指しているのです。

手話で届ける、私たちの元気！勇気！本気！
第8回 全国高校生手話パフォーマンス甲子園の記録

⑪ 坂戸ろう学
そのまま、永遠に紡し

⑫ 奈良県立ろう
誇りをもって高く飛ぼう

旅立ちの日に

作詞／小嶋 登　作曲／坂本 浩美

卒業式でも よく歌われる 歌だね。

1. しろいひかりの　なかに　やまなみはもえ て　はるかなそらの　はてまでも ー
2. なつかしいとも　のこえ　ふとよみがえ る　いみもない ーー いさかいに ー

きみはとびた つ　かぎりなくあお い　そらに こーころふるわ せ
ないたあのと き　こころかよーっ た　うれしさに だーきあった ひ よ

じゅうをかける　とりよ ふり かえることもせ ず　1.2.ゆうきをつばさに こ めて
みんなすーぎた　けれどおもい でーつよくだい て

きぼうのかぜにのり ー　このひろいおおぞら に　ゆめ を たくし て

2.
て　いま わかれーの ときー とび たとうーみら いしんじて はずむ わかい

ちから ー しんじてーこの ひろい ー　この ひろい ー　お お ぞらに ー

いま わかれーの ときー とび たとうーみら いしんじて はずむ わかい

ちから ー しんじてーこの ひろい ー　この ひろい ー おお ー ぞらに ー

1番

白い光の中に　山なみは萌えて
遥かな空の果てまでも　君は飛び立つ
限り無く青い空に　心ふるわせ
自由を駆ける鳥よ　ふり返ることもせず
勇気を翼にこめて　希望の風にのり
このひろい大空に　夢をたくして

2番

懐かしい友の声　ふとよみがえる
意味もないいさかいに　泣いたあのとき
心かよったうれしさに　抱き合った日よ
みんなすぎたけれど　思いで強く抱いて
勇気を翼にこめて　希望の風にのり
このひろい大空に　夢をたくして

※
いま　別れのとき
飛び立とう　未来信じて
弾む若い力信じて
このひろい
このひろい　大空に

※くり返し

この歌の手話をしてくれたのは
たまきさん

ゆったりした曲調に合わせて、歌詞の意味をしっかりと伝えよう。

手話の動画が見られます。

1番　白い　　光の中に　　山なみは　　萌えて

白い

人さし指で自分の歯をさして、指先を横にふる。

光

すぼめた手を開きながら、こめかみの辺りからななめに下ろす。

山なみ

手で、山の形を大きく2〜3回えがく。

せまる

両手のこうを相手に向けて体の前に出し、ぐっと引きよせる。

遥かな空の

空

手のひらを、曲線をえがくように大きくふる。

果てまでも

遠くまで

人さし指を立て、むねの辺りから、ななめ前に上げる。

君は

君

人さし指で、相手をさす。

飛び立つ

はばたく

両手を交差させ、手をパタパタさせながらななめ前に上げる。

「青い」の手話は、ひげをそったあとの青いはだを表しているんだって。

限り無く青い

青い

指をそろえた手をほおに当て、後ろに引く。

空に

空

手のひらを、曲線をえがくように大きくふる。

心

心

人さし指でむねの辺りに円をえがく。

ふるわせ

感動する

親指とほかの指をつまむように合わせ、ふるわせながら上げる。

自由を駆ける

自由

両手をにぎって下に向け、こうごに上下させる。

鳥よ

鳥

親指と人さし指をのばして、口元で2回つけたりはなしたりする。

ふり返ることも

ふり返る

人さし指と中指を立て、後ろをふり返るように動かす。視線も合わせて動かす。

せず

〜しない

外側に向けた両手の手のひらを、くるっと返して内側に向ける。

勇気を

勇気

親指と人さし指で丸を作り、横に開く。

翼に

はばたく

両手を交差させ、手をパタパタさせながらななめ前に上げる。

こめて

こめる

片手を軽くにぎってつつを作り、もう片方の手でふたをする。

希望の

希望

指を軽く曲げて指先を上に向け、ゆらしながら上げる。

42

風に

（風）

両手の手のひらを、ゆったりと2回ほどななめに動かす。

のり

（乗る）

両手を交差させ、左右に大きくゆらす。

「風」「乗る」の手話は、両手をゆったりとなめらかに動かすといいよ。

このひろい大空に

（大空）

手のひらを、曲線をえがくように大きくふる。

夢を

（ゆめ）

指を軽く曲げて指先を上に向け、ゆらしながら上げる。

たくして

（たくす）

両方の手のひらを上に向けてかまえ、前にさし出す。

2番

懐かしい

（なつかしい）

人さし指をこめかみに当て、その手を開いて、ひらひらと動かしながらななめ上に上げる。

友の

（友達）

両手を体の前でぎゅっとにぎり、小さく回す。

声

（声）

親指と人さし指を合わせて、のどの辺りから前に出す。

ふとよみがえる

（聞く）

耳の横に手を当てる。

（思い出す）

人さし指をこめかみに当てて少しゆらす。

意味も

（意味）

人さし指をのばし、もう片方の手のひらの下をくぐらせて前へ出す。

ない

（ない）

外側に向けた両手の手のひらを、くるっと返して内側に向ける。

いさかいに

（けんか）

全部の指を軽く曲げ、両手を数回、ぶつけ合う。

泣いた

（泣く）

親指と人さし指の先をつけ、ひねりながら目元から下ろす。

あのとき

（〜のとき）

人さし指と親指をのばし、手のひらに親指をつけて前にたおす。

心

（心）

人さし指でむねの辺りに円をえがく。

かよった

（通じる）

両手の人さし指をのばし、むねの前で指先同士をくっつける。

「うれしい」の手話は、うれしそうな表情で！

うれしさに

うれしい

両手を広げ、体の前でこうごに上下させる。

抱き合った

だき合う

にぎった手を片方ずつむねに当てて、だきしめるようにする。

日よ

日

親指と人さし指を「コ」の字に曲げる。

みんな

全部

開いた両手で、上から下に円をえがく。

すぎた

すぎる

両手をかたの後ろにもっていく。

けれど

けれど

手のひらを前に向け、くるっと手前に返す。

思いで

思い出

人さし指をこめかみに当て、その手を開いて、ひらひらと動かしながらななめ上に上げる。

強く抱いて

しっかりともつ

上げていた手を、体の前でにぎり、もう片方の手をそこに重ねる。

勇気を

勇気

親指と人さし指で丸を作り、横に開く。

翼に

はばたく

両手を交差させ、手をパタパタさせながらななめ前に上げる。

こめて

こめる

片手を軽くにぎってつつを作り、反対の手でふたをする。

希望の

希望

指を軽く曲げて指先を上に向け、ゆらしながら上げる。

風に

風

両手の手のひらを、ゆったりと2回ほどななめに動かす。

のり

乗る

両手を交差させ、左右に大きくゆらす。

このひろい大空に

大空

手のひらを、曲線をえがくように大きくふる。

夢を

ゆめ

指を軽く曲げて指先を上に向け、ゆらしながら上げる。

たくして

たくす

両手のひらを上に向けてかまえ、前にさし出す。

★ いま

今

両手の手のひらを下に向けて、おさえるように下げる。

別れの

別れ

両手のこうを合わせ、引きはなす。

とき

〜のとき

人さし指と親指をのばし、手のひらに親指をつけて前にたおす。

飛び立とう

はばたく

両手を交差させ、手をパタパタさせながらななめ前に上げる。

未来

未来

開いた手のひらを前に出す。

信じて

信じる

手をにぎりながら、下から上に持ち上げる。

弾む

はずむ

両手をにぎり、ポンポンと下に動かす。

若い

わかい

指をそろえて、手でひたいを横になでる。

力

力

手をにぎり、力こぶを作るようにうでを曲げる。

信じて

信じる

手をにぎりながら、下から上に持ち上げる。

このひろい

空

手のひらを、曲線をえがくように大きくふる。

このひろい

空

反対の手のひらを、同じように大きくふる。

大空に

大空

両手のひらを、同時に、曲線をえがくように大きくふる。

行く

人さし指の指先を、体の前を横切るように、下から上へ動かす。

●

★から●まで
もう一度
くり返す

最後の部分は、「空」の手話を右手、左手、両手でくり返して、強調しているよ。
大きな動作で表現してね。

45

Happy Birthday to You

<ruby>作詞<rt>さくし</rt></ruby>／<ruby>不明<rt>ふめい</rt></ruby>　<ruby>作曲<rt>さっきょく</rt></ruby>／Patty Smith Hill・Mildred J. Hill

誕生日を祝う
ときに、みんなで
やってみよう！

Hap–py birth – day to you, hap – py birth – day to you, hap – py
おた ん じょう び おめで とう おた ん じょう び おめで とう だい

birth – day, dear ○ ○, hap – py birth – day to you.
す き な ○ ○ おた ん じょう び おめで とう

アメリカの<ruby>手話<rt>しゅわ</rt></ruby>

手話は身ぶりから生まれた言葉で、国によってちがいます。
ここでは、アメリカでよく使われる表現を紹介します。

★ Happy　　birthday　　to　　you ◆

手のひらを上に向け、軽くはらうように上げる。

中指を、あごに当てたあと、むねに当てる。

両手の人さし指をのばして、指先同士をくっつける。

人さし指で、相手をさす。

★から◆まで
もう一度
くり返す

Happy　　birthday　　dear　　Suzu

手のひらを上に向け、軽くはらうように上げる。

中指を、あごに当てたあと、むねに当てる。

両手の人さし指で左むねの辺りにハートをえがく。

親指と人さし指をつまむようにして、軽くふる。
（「すず」という意味の手話）

★から◆まで
くり返して
終わる

（英語）Happy birthday to you,
happy birthday to you,
happy birthday, dear ○○,
happy birthday to you.

（日本語）お誕生日おめでとう　お誕生日おめでとう
大好きな○○　お誕生日おめでとう

手話の動画が
見られます。

この歌の手話をしてくれたのは
ゆめさん

口の動きからも
歌詞が伝わると
いいね！

人の名前は、どう表す？

「Happy Birthday to You」の歌には、祝う相手の名前を入れますね。46ページでは、リンリンと鳴る「すず」という意味の手話で、「すずさん」の名前を表しています。ほかにも、「ゆうきさん」なら「勇気」の手話、「はなさん」なら「花」の手話などで表せます。

名前を表す言葉が見つからないときは、指文字を使って表しましょう。

指文字は、最初のページにある指文字表を見てね。

日本の手話

★　　お誕生日　　　　　おめでとう◆

生まれる
両手を自分の体に向けて軽くにぎり、前に向かってパッと開く。

日
片手の指を3本、横に向けてのばし、人さし指に当てる。

おめでとう
両手を上向きに軽くにぎり、上に動かしながらパッと開く。

★から◆まで
もう一度
くり返す

大好きな　　　　　お母さん

とても
親指と人さし指をのばして、横に動かす。

好き
あごの下で親指と人さし指を開き、指をとじながら前に下ろす。

お母さん
人さし指で下向きにほおをなで、小指を立てて軽く上げる。

★から◆まで
くり返して
終わる

47

監修 大杉 豊 （おおすぎ ゆたか）
（筑波技術大学 教授）

ろう者。劇団員、専門学校教員を経て、米国ロチェスター大学大学院言語研究科修了、言語学博士。2006年より現職。専門は手話言語学、ろう者学。主な編著に、『国際手話のハンドブック』（三省堂）、共編著に、『手話言語白書』（明石書店）、「わたしたちの手話 学習辞典」シリーズ（一般財団法人全日本ろうあ連盟）など、多数。

手話ソング制作 谷 千春 （たに ちはる）
（NPO手話技能検定協会副理事長）

東京都登録手話通訳者、NHK手話ニュースキャスターを経て、2000年より現職。主な著書・監修書に、「こども手話じてん」セット（ポプラ社）、『動画つき気持ちが伝わるはじめての手話』（主婦の友社）、『手で笑って 手で泣いて』（旬報社）など多数。

表紙イラスト	磯村仁穂
本文イラスト	石崎伸子　みやれいこ　seesaw.　有栖サチコ　赤川ちかこ
キャラクターイラスト	タダユキヒロ
デザイン	鳥住美和子　高橋明優　吉原佑実（chocolate.）
編集	姉川直保子　清水理絵　久保緋菜乃　戸辺千裕　滝沢奈美（ウィル）　小薗まさみ
DTP	清水理絵　小林真美（ウィル）　藤城義絵
校正	村井みちよ
校正協力	田口真央　藤野桃香
動画協力	谷 千春（NPO手話技能検定協会副理事長）　白鳥 環　寄口遥希　小林優芽　那須康史（株式会社GROP）　寺澤洋次郎　松本 亘（株式会社Desing Office CAN）
取材協力	しゅわクラブりるふぃんbyしゅわにゃん
画像提供	HANDSIGN　手話パフォーマンス甲子園実行委員会
参考書籍	「わたしたちの手話 学習辞典」シリーズ（一般財団法人 全日本ろうあ連盟）

知ろう! あそぼう! 楽しもう! はじめての手話④
手話で歌おう!

発　行	2022年4月　第1刷
監　修	大杉 豊（筑波技術大学 教授）
発行者	千葉 均
編　集	小林真理菜
発行所	株式会社ポプラ社
	〒102-8519　東京都千代田区麹町4-2-6
	ホームページ　www.poplar.co.jp（ポプラ社）
	kodomottolab.poplar.co.jp（こどもっとラボ）
印刷・製本	大日本印刷株式会社

JASRAC 出 2200245-201
ISBN 978-4-591-17302-2　N.D.C.801　47p　29cm　Printed in Japan
©POPLAR Publishing Co.,Ltd. 2022

JASRAC許諾
第9016750006Y45037号

許諾番号ID000007534

あそびをもっと、
まなびをもっと。

こどもっとラボ

知ろう！ あそぼう！ 楽しもう！

はじめての手話

全5巻

監修：大杉 豊（筑波技術大学 教授）

❶ 手話を知ろう！ N.D.C.801

❷ 手話で話そう！ N.D.C.801

❸ 手話レクであそぼう！ N.D.C.801

❹ 手話で歌おう！
手話ソング制作：谷 千春
（NPO手話技能検定協会副理事長）
N.D.C.801

❺ インタビュー！ 手話の世界 N.D.C.801

小学校中学年～高学年向き
各47ページ
Ａ4変型判オールカラー

図書館用特別堅牢製本図書

指文字表 数字・アルファベット

数字

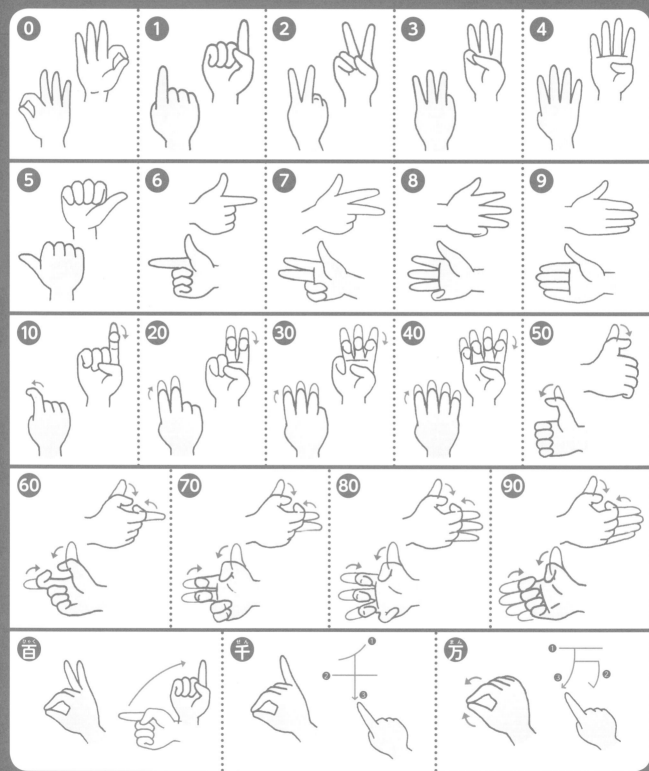

0　1　2　3　4
5　6　7　8　9
10　20　30　40　50
60　70　80　90
百　千　万